大家小书
篆刻　程方平

新编历史小丛书

司马迁和他的历史学

翦伯赞 著

北京出版集团公司
北京人民出版社

目　　录

一　司马迁的传略

中国之有文字的历史记录，早在殷周时代。甲骨上的刻辞，钟鼎彝器上的铭文，都是历史记录。春秋战国之际，儒墨并起，百家争鸣，其所著述，亦多称引远古的传说神话，以自实其说。《尚书》、《国语》、《战国策》之类的著作，且已接近于有系统的历史记录。以后又有《世本》，录黄帝以来至春秋时帝王公卿大夫的世系所出。更后又有《楚汉春秋》，记楚、汉之间的史实。但这些著作，或纪年为录，或分国为史，或仅记世系，或截录断片，皆系支离断烂的著作，并未构成一个整然的历史系统；而且写著的方法，亦无一定的成规。至于诸子的著作，则不过借史料以为其立论之根据或例证而已，更无所谓体例。所以我说汉以前，写著历史尚不成为一种专门的学问，写著历史之成为一种专门的学问，即所谓历史学，在中国，是创始于天才的史学大师司马迁。

司马迁，字子长，左冯翊夏阳（今陕西韩城*）人。生于汉景帝中元五年（公元前145年），卒年不详。但从他的著作中，可以看出，他在武帝后元年间，尚在人间。例如《史记·高祖功臣侯者年表》中书征和者二，后元者一；《惠景间侯者年表》中，书征和者一，后元者三。按后元为武帝最后的年号。后元共二年，其第二年为公元前88年。据此，则司马迁至少活到公元前88年，其年寿60岁左右。

司马迁出生于一个世家的家庭。据他自己在《史记·自序》中考证，他的始祖是传说中“颛顼”时代的“重黎氏”。“重黎氏”自颛顼历唐、虞、夏、商之世，皆“世序天地”。到周宣王时，“重黎氏”才失其“天地之守”，而为司马氏。司马氏在周代“世典周史”。司马氏出于“重黎氏”的说法，不可信，这大概是司马迁的推想，而其动念，则以“重黎氏”在传说中为

“星历”之官。司马氏为“文史”之官，在中国古代“文史”与“星历”不分，故有是说。

《自序》中又说当周惠王、襄王之间，“司马氏去周适晋”。以后分散，或在卫，或在赵，或在秦。司马迁的直系祖先，就是在秦的一支，其徙秦的始祖，即司马错，这大概是可靠的。

《自序》中又历述司马错的子孙，以至于他自己。他说错孙蕲，“蕲与武安君阬赵长平军，还而与之俱赐死杜邮，葬于华池。蕲孙昌，昌为秦主铁官”。“昌生无泽，无泽为汉市长。无泽生喜，喜为五大夫。卒，皆葬高门。喜生谈，谈为太史公。”

司马谈就是司马迁的父亲，他是

一位学问渊博的史官。他不但记忆许多历史掌故，而且精通天文、历算及诸子百家的学说。《自序》中说他曾“学天官于唐都，受易于杨何，习道论于黄子”。司马谈正撰次旧闻，准备写一部史记，不幸于元封元年，因为汉武帝举行祭泰山的大典，即所谓封禅（封为山顶之祭，禅为山麓之祭），没有带他同去，他认为这是一个莫大的耻辱，于是气愤而死。

司马迁生当西汉隆盛的时代。这时，汉武帝正在胜利地经略边疆的伟业。东至今日之朝鲜，南至今日浙、闽、粤、桂以至安南，西南至今日之黔、滇，西至今日之新疆乃至中亚，都已经划入西汉帝国的版图。只有对北方的匈奴，还没有完全胜利，因此战争在西北仍然继续进行。司马迁亲眼看到当时中国的人民，暴骨沙漠；亲眼看见当时四裔诸民族，稽颡汉庭。汉武帝的历史创造，当然也就开拓了司马迁的历史心胸，他可以看到他以前的人看不到的历史活剧，听到他以前的人听不到的外来传说。

司马迁又生在一个史官的家庭，据他在《自序》中说："天下遗文古事，靡不毕集太史公。"所以他便有优先的机会，去接近中国古典的历史文献。《自序》中说："年十岁则诵古文。"

在司马迁的当时，西汉政府正在高唱"崇儒术，黜百家"的口号，执行文化思想的统制政策；但司马迁却于诸子百家的学术，无所不看。他对于诸子百家，甚至当时尊为正统的儒家学说，都有批判；唯独对于道家的学说，则赞美尽致。他在《史记·自序》中引其父《论六家要指》曰：

《易·大传》：天下一致而百虑，同归而殊涂。夫阴阳、儒、墨、名、法、道德，此务为治者也。直所从言之异路，有省不省耳。尝窃观阴阳之术，大祥而众忌讳，使人拘而多所畏；然其序四时之大顺，不可失也。儒者博而寡要，劳而少功，是以其事难尽从；然其序君臣父子之礼，列夫妇长幼之别，不可易也。墨者俭而难遵，是以其事不可偏循，然其强本节用，不可废也。法家严而少恩；然其正君臣上下之分，不可改矣。名家使人俭而善失真；然其正名实，不可不察也。道家使人精神专一，动合无形，赡足万物；其为术也，因阴阳之大顺，采儒、墨之善，撮名、法之要，与时迁移，应物变化，立俗施事，无所不宜，指约而易操，事少而功多。

从这里可以看出司马迁的思想，颇受道家的影响。所以后来班固批评他，说他“论大道，则先黄老而后六经”，其思想“颇缪于圣人”，“此其所蔽也”[①]。

司马迁在少年时就喜欢游历。他不是无目的漫游，而是为了纵观山川形势，参察风俗，访问古迹，采集传说。《自序》中说他年“二十而南游江、淮，上会稽，探禹穴；窥九疑，浮于沅、湘；北涉汶、泗，讲业齐、鲁之都，观孔子之遗风。乡射邹、峄，厄困鄱、薛、彭城，过梁、楚以归。”又在《五帝本纪·太史公曰》中说：“余尝西至空峒，北过涿鹿，东渐于海，南浮江、淮矣。至长老皆各往往称黄帝、尧、舜之处，风教固殊焉。”

司马迁曾作过汉武帝的郎中，并曾一度“奉使西征巴、蜀以南，南略邛、筰、昆明”。元封元年，回京复命。适武帝已赴山东，祭泰山；他的父亲，又病在洛阳，“发愤且卒”，因往见父于河、洛之间。《自序》中云其父执其手而泣曰：

> 余先，周室之太史也。自上世常显功名于虞夏，典天官事。后世中衰，绝于予乎？汝复为太史，则续吾祖矣。今天子接千岁之统，封泰山，而余不得从行，是命也夫，命也夫！余死，汝必为太史；为太史，无忘吾所欲论著矣……幽厉之后，王道缺，礼乐衰。孔子修旧起废，论《诗》、《书》，作《春秋》，

则学者至今则之。自获麟以来，四百有余岁，而诸侯相兼，史记放绝。今汉兴，海内一统，明主、贤君、忠臣、死义之士，余为太史而弗论载，废天下之史文，余甚惧焉，汝其念哉！

司马迁俯首流涕，接受了父亲的遗命。曰："小子不敏，请悉论先人所次旧闻，弗敢阙。"其父卒三岁（元封三年，公元前108年），司马迁被任为太史令，时年三十八岁。

司马迁继任太史令后，一面整理其父遗稿，即所谓"先人所次旧闻"；另一面，又博览皇家图书馆的古书，即所谓"史记石室金匮之书"。编列纲领，树立规模，经过了五年之久，至太初元年（公元前104年）十一月才开始《史记》的写著，时迁年四十二岁。

又五年（天汉二年，公元前99年），而司马迁遭李陵之祸。关于李陵之祸，据《汉书·李陵传》载，李陵系李广之孙，少为侍中建章监。李广利率大军击匈奴，武帝派李陵运送辎重。李陵不愿，求自领一军出居延，以击匈奴。武帝壮之，乃与以步兵五千。李陵即率步兵五千，深入沙漠，至浚稽山，单于以骑兵八万围之。李陵备战，终以矢尽道穷，援兵不至，降匈奴。这个消息，传到朝廷，文武百官，都谴责李陵。司马迁以李陵提步兵五千，与匈奴骑兵八万，连战十余日，纵横沙漠，所杀过当。“虽古名将不过也。”而且看李陵的意思，“且欲得其当而报汉。事已无可奈何，其所摧败，功亦足以暴于天下”。适逢武帝以李陵事召问他，他就本着他的意思替李陵说话。他说他的动机，是“欲以广主上之意，塞睚眦之辞”。但武帝误会了他的意思，以为他把李陵投降的责任，推到统帅李广利的身上，替李陵游说。李广利是汉武帝宠姬李夫人的兄弟，与武帝有连皮带肉的关系，怎样能说他一个不字呢？所以司马迁就犯了诬上之罪，应处腐刑。在武帝时，本来有“出资者赎罪”的办法；但司马迁“家贫，财赂不足以自赎，交游莫救，左右亲近不为壹言”，结果下了蚕室，处了腐刑。实际上司马迁遭李陵之祸，真是盖天的冤枉。他在《报益州刺史任安书》中曾说到此事，其中有云：

> 夫仆与李陵，俱居门下，素非相善也。趣舍异路，未尝衔杯酒，接殷勤之欢。然仆观其为人，自奇士。事亲孝，与士信，临财廉，取予义。分别有让，恭俭下人。常思奋不顾身，以徇国家之急。其素所畜积也，仆以为有国士之风。夫人臣出万死不顾一生之计，赴公家之难，斯已奇矣。今举事壹不当，而全躯保妻子之臣，随而媒孽其短，仆诚私心痛之。

由此看来，司马迁之为李陵辩护，并非受李陵之托，为之游说；而是因为他与李陵“俱居门下”，看出李陵的为人，“有国士之风”。同时又看见那些“全躯保妻子之臣”，逢迎皇帝，打击“出万死不顾一生之计”的国士，所以慨然犯武帝之盛怒，主持公道。这完全是司马迁正义感的表现。司马迁的这种正义感，是他致祸之由，也是他能成为一个伟大的史学家的基本条件。

司马迁处腐刑后，汉武帝知道他并没有犯罪，所以又任为中书令，而且信任备至。这从任安要他推贤进士可以看得出来。但司马迁自遭腐刑以后，却认为奇耻大辱，他的精神受了很大的摧残。以至“居则忽忽若有所亡，出则不知所如往。每念斯耻，汗未尝不发背沾衣也”。

中书令在武帝时，本来是以宦官充任，他主要的任务，就是传达皇帝的诏令于三公九卿。所以司马迁在《报任安书》中有曰：“今已亏形为扫除之隶，在阘茸之中。”又说：“行莫丑于辱先，而诟莫大于宫刑。刑余之人，无所比数，非一世也，所从来远矣。”

司马迁何以“就极刑而无愠色”。这就是因为他的《史记》“草创未就，适会此祸，惜其不成”。他知道他的“先人，非有剖符丹书之功，文史星历，近乎卜祝之间，固主上所戏弄，倡优畜之，流俗之所轻也”[②]。假令他伏法受诛，“若九牛亡一毛，与蝼蚁何异？而世又不与能死节者比，特以为智穷罪极，不能自免，卒就死耳”。又说：“仆虽怯耎欲苟活，亦颇识去就之分矣，何至自湛溺累绁之辱哉！且夫臧获婢妾，犹能引决，况若仆之不得已乎！所以隐忍苟活，函粪土之中而不辞者，恨私心有所不尽，鄙没世而文采不表于后也。”

自是以后，司马迁乃“自托于无能之辞”，退而著史，以终其生。《自序》中曰：

> 七年而太史公遭李陵之祸，幽于缧绁。乃喟然而叹曰：“是余之罪也夫！是余之罪也夫！身毁不用矣。”退而深惟曰：“夫《诗》、

《书》隐约者，欲遂其志之思也。昔西伯拘羑里，演《周易》；孔子厄陈、蔡，作《春秋》；屈原放逐，著《离骚》；左丘失明，厥有《国语》；孙子膑脚，而论《兵法》；不韦迁蜀，世传《吕览》；韩非囚秦，《说难》、《孤愤》；《诗》三百篇，大抵贤圣发愤之所为作也。此人皆意有所郁结，不得通其道也。故述往事，思来者。”于是卒述陶唐以来，至于麟止。

由此而知司马迁之著史，也是因为他“意有所郁结，不得通其道也”。而其所著《史记》，也是他“发愤之所为作也”。虽然，司马迁却并不是乱发牢骚，而是抱持着一种庄严的态度，把写著历史当作一种神圣的事业。他在《自序》中说：

> 先人有言：“自周公卒五百岁而有孔子。孔子卒后，至于今五百岁，有能绍明世，正《易传》，继《春秋》，本《诗》、《书》、《礼》、《乐》之际。”意在斯乎！意在斯乎！小子何敢让焉。

由此看来，司马迁之写著历史，盖志在《春秋》。所以他在《自序》中又托为壶遂之问曰：“昔孔子何为而作《春秋》哉？”然后答曰：

余闻董生曰："周道衰废，孔子为鲁司寇。诸侯害之，大夫壅之。孔子知言之不用，道之不行也，是非二百四十二年之中，以为天下仪表，贬天子，退诸侯，讨大夫，以达王事而已矣。"子曰："我欲载之空言，不如见之于行事之深切著明也。"夫《春秋》，上明三王之道，下辨人事之纪，别嫌疑，明是非，定犹豫，善善恶恶，贤贤贱不肖，存亡国，继绝世，补敝起废，王道之大者也。

余读司马迁书，想见其为人，而悲其遭遇，不觉慨然而叹曰：

从来贤圣废黜，何其如此相同也。身逢乱世者，固无论矣，以司马迁生当盛汉之隆，亦不能免于无妄之灾。是何贤圣之不容于奸佞也。世无分治乱，时无分古今。司马迁“少负不羁之才”，长有四方之志，亦尝“侧身下大夫之列，陪外廷末议”；亦尝“奉使西征巴蜀以南，南略邛、筰、昆明”，何尝不思竭其材力，以效命于国家。但言之不用，道之不行，而且无罪而遭酷刑。结果，在西汉帝国大远征的大时代中，望着千军万马咆哮而过，而自己却闭门著史，垂空文以自见，述往事，思来者，安得而不愤！虽然，司马迁诚有自知之明，他深知汉武帝英而不明，只知用自己的皇亲国戚如卫青、霍去病之流，只知用豪富的商人如东郭咸阳、孔仅之流，只知用歌功颂德的文人，如司马相如之流。像他那样既富于正义感而思想又“颇缪于圣人”的学者，决不能得志于专制独裁的皇帝之前，其不死于非刑已可谓幸事；又能留下其著作，更为大幸。到今日，司马迁已死去两千多年，他的名字，和汉武帝的名字同样响亮。是知事业文章，各有千秋；又知权力之可得而摧残者，人之肉体；至于精神，则可以从血泊中，放出其光采。司马迁曰：“古者富贵而名摩灭，不可胜记，唯俶傥非常之人称焉。”③如司马迁者，诚为中国史上俶傥非常的人物。

注释：

①《汉书·司马迁传·赞》。

②以上所引均见《汉书·司马迁传》引《报任安书》。

③《汉书·司马迁传》引《报任安书》。

*编者注：本书为翦伯赞先生1944年所著，书中解释古地名皆用当时行政区划名称，为体现行政区划的建制沿革，保留原文，不依现在行政区划妄改。

二　司马迁的历史方法一
——纪传体的开创

司马迁唯一的长篇巨著是《史记》。《史记》所叙述的范围，上起传说中的“黄帝”，下讫汉武之时。其内容为本纪十二篇、书八篇、表十篇、世家三十篇、列传七十篇，共一百三十篇，五十二万六千五百字。司马迁之著这部书，其用意是“欲以究天人之际，通古今之变，成一家之言”[①]。实际上这部书，确是中国历史学出发点上的一座不朽的纪念碑。

用本纪、世家、列传、书、表的体裁写著历史，这种历史方法，即所谓纪传体的方法。司马迁的不朽，就是因为他开创了这种前无先例的崭新的历史方法。

所谓纪传体的历史方法，即以人为主体的历史方法。此种方法，即将每一个历史人物的事迹，都归纳到他自己的名字下面。一个历史人物如此处理，所有的历史人物都如此处理，于是从这许多个别历史人物的事迹中，显出某一历史时代的社会内容。《史记》就是用这种历史方法写成的一部汉武以前的中国古史。

在《史纪》中，本纪、世家、列

传，都是以人为主体而记事的。本纪记皇帝，世家记贵族，列传记官僚、士大夫等。虽作为其主题之人物的政治地位不同，但其皆以人物为记事的主体，则是相同的。或曰：在《史记》中亦有总述文物制度的“书”，及排比年代关系的“表”，这都不是以人为主体的。但我们知道，在《史记》一百三十篇中，本纪、世家、列传，共占一百一十二篇，书、表合计只占十八篇，故知《史记》是以纪传为本体；至于书，则不过是《史记》的总论；表，则为《史记》的附录而已。

纪传体的历史，从今日科学的历史眼光看来，自然还是缺点甚多。这种方法最大的缺点，就是把一件史实，割裂为许多碎片，错陈于各人的纪传之中；而且同一史实，到处重复。例如司马迁下腐刑事，在《司马迁传》中必记，在《李陵传》中，也不可不提。同样，李陵降匈奴事亦然，这就是一个例子。

但是在司马迁的当时，他能开创这样一个历史方法，是值得赞叹的。因为在当时，所有的古史资料，都是一盘散沙，正像一些破砖乱瓦混在一堆，需要有一个分类的归纳，而纪传体就是一个最好的方法。司马迁能够开创这样一个方法，并且用这个方法，“协六经异传，整齐百家杂语”，把汉武以前的古史，归纳到一百多个历史人物的名下，自“成一家之言”。这如果不是有过人的史学天才，是不可能的。

近人或以为纪传体的历史，简直就等于家谱或墓志铭的汇编。诚然，司马迁的学生（班固在内）的著作，确有此种倾向；但司马迁的《史记》，并不如此。

从《史记》中可以看出，被司马迁纪传的历史人物，并不是毫无历史价值的人物；而是可以从他的历史行为中，透露出一些有关于他的历史时代之社会内容的人物。简而言之，即能特征历史时代的人物。例如他纪五帝，是因为这些神话人物可以暗示出中国史前社会的若干内容。他之传孔、孟及老、庄、申、韩等，是因为从他们的言论中，可以显示出先秦诸子学说的分派。

他之传苏秦、张仪，是因为从他们的政治活动中，可以指示出战国时期的国际关系。一言以蔽之，司马迁纪传一个历史人物，至少可以从这个被纪传者身上，透露出若干历史的消息。所以当他写完了一百一十二篇人物纪传以后，汉武帝以前的中国古史，便第一次放出了光明。

司马迁为什么要把纪传体的历史，别为本纪、世家、列传，而又再益之以书、表？这不是随便的划分，而是一种严谨的部署。从这种分类，我们可以看出，他第一步是将他选定的历史人物，依其政治的或社会的地位之不同而别为三类，即以帝王为一类，贵族为一类，官僚士大夫等又为一类。然后分别为帝王写本纪，为贵族写世家，为官僚士大夫等写列传。于是把所有的破碎的零星的史料，分别归纳于这三类的人物的名字之下，使之各成系统。但是人各一传，没有相互的联系，于是又为之书，总述这一时代社会文物制度的演变，以为纪传的总论。尚感不足，又益之以年表，排比人与人、事与事间之时代的顺序，以为附录。

司马迁之作本纪，据其《自序》中云：是为了追寻“王迹所兴，原始察终，见盛观衰”。用近代话说，就是要从王朝的更替，帝王的嬗递中，提纲挈领，表现出整个历史发展的线索。换言之，即用本纪作为全书的提纲，指明历史发展之具体的过程。

即因如此，所以本纪的任务，是要显出史实发生和发展之时间的顺序。因而本纪在体例上，虽以史实分别系于各个帝王，即以事系人，但在内容上又要将某一帝王之事，依次系于其年。换言之，本纪的作法，是既将其人之事系于其人，又要将其人之事系之以年。所以本纪，是纪传体与编年体之混体。

亦因如此，所以本纪虽为帝王的专传，但并不能详记帝王个人的琐事，只能逐年记载在某帝某王时所发生的大事；否则，淆混了他所要显出的历史发展的大势。例如焚书坑儒，在《秦始皇本纪》中，仅记某年焚书，某年坑儒，说明甚简略；而在《李斯列传》中，则叙述甚详。又如汉武帝击匈奴，在《武帝本纪》*中，只记某年遣某某伐匈奴；而在卫青、霍去病及其他征伐匈奴的将领的列传中，则对于每一个战役，皆有详尽的记录。由此看来，帝王虽为本纪的主人，但帝王本人在本纪中，只是被当作一个历史时代的符号。

又因如此，所以写本纪时，对于帝王，没有选择的自由；因为他们之中的每一个人，不论善恶，都占领一个时间。圣如尧、舜，固应为之纪，暴如桀、纣，亦必为之纪；英武如秦皇、汉武，固应为之纪，昏暴如二世，亦必为之纪。总之，凡属帝王，必为之纪。

虽然，亦有例外，有名非帝王而司马迁亦为之作本纪者，如项羽，失败之英雄也；吕后，专政之母后也，司马迁并为之作本纪。何也？司马迁曰：

> 秦失其道，豪杰并扰。项梁业之，子羽接之。杀庆救赵，诸侯立之；诛婴背怀，天下非之。作《项羽本纪》。
>
> 惠之早霣，诸吕不台（恰）。崇强禄、产，诸侯谋之。杀隐、幽友，大臣洞疑，遂及宗祸。作《吕太后本纪》。

从这里我们可以看出司马迁纪项羽，是因为项羽在杀庆（宋义号“庆子冠军”）救赵之后，曾为诸侯所立，名虽西楚霸王，实即当时天子。在诛子婴、背怀王之后，秦已灭而汉未兴，支配这秦汉之际历史时代的，实为项羽。“天下非之”，为时人之主观；“诸侯立之”，为客观的事实。故司马迁纪之。

司马迁之不纪惠帝而纪吕后，是因为惠帝未死以前，已为虚君；即其既死，吕后实以母后而即于帝位。而且崇强诸吕，几移汉祚。在汉高既死，文帝未立的历史时代中，实际上之时代支配者，确为吕后，故司马迁纪之。

司马迁之作世家，据其《史记·自序》云：

> 二十八宿环北辰，三十辐共一毂，运行无穷，辅拂股肱之臣配焉；忠信行道，以奉主上，作

三十世家。

由此看来，世家所录的人物，都是接近历史动力的人物。他们对于当时的历史中心，正如列星之拱北辰，众辐之于车毂，“忠信行道”，环绕在历史中心的周围。这些人物，自然非割据一地的贵族，即执政一时的辅相。总之，他们不是支配过某一局部的空间，便是支配过某一短期的时间。

只要是割据一地，或执政一时者，司马迁皆为之立世家。例如晋、楚、郑、赵、魏、韩等，割据一地者，有世家；萧何、曹参、陈平、周勃，执政一时者，亦有世家。礼让如吴太伯者有世家，叛变如管、蔡者，亦有世家。

周、召二公，开国之元勋也，有世家；宋微子，亡国之贵族也，亦有世家。五宗三王，皇帝之子孙也，有世家；外戚，后妃之姻娅也，亦有世家。是知世家者，所以录贵族，记卿相者也（但有一限制，至汉高时代为止）。

然而亦有例外，有既非贵族，亦非卿相，而司马迁亦为之作世家者，如孔子，鲁之布衣也；陈涉，“氓隶之人而迁徙之徒也”，司马迁皆为之作世家。何也？司马迁曰：

周室既衰，诸侯恣行。仲尼悼礼废乐崩，追修经术，以达王道；匡乱世，反之于正；见其文辞，为天下制仪法，垂六艺之统纪于后世。作《孔子世家》。

桀、纣失其道而汤、武作，周失其道而《春秋》作，秦失其政而陈涉发迹，诸侯作难，风起云蒸，卒亡秦族。天下之端，自涉发难。作《陈涉世家》。

从这里，可以看出司马迁之列孔子于世家，是以孔子以经术达王道于当代，“垂六艺之统纪于后世”，在文化思想上所起的影响作用，至为宏大而悠远。司马迁之列陈涉于世家，是以陈涉首义，事同汤、武而义则《春秋》，在现实的历史上所引起的变局，至为剧烈而重大。司马迁认识了革命和文化的历史意义过于王侯卿相的权力，所以他断然列孔子、陈涉于世家。

《史记》有列传七十。《自序》中云："扶义俶傥，不令己失时，立功名于天下，作七十列传。"

从列传中，可以看出司马迁所传的历史人物，不外如次的几类：其一，以节操名于天下者，如伯夷、田横之辈。其二，以学术名于天下者，如老、庄、申、韩、孟、荀、董仲舒之辈。其三，以文采名于天下者，如屈原、贾谊、司马相如之辈。其四，以武功名于天下者，如白起、王翦、乐毅、田单、李牧、蒙恬、卫青、霍去病之辈。其五，以文治名于天下者，如管、晏、商鞅、吕不韦、公孙弘之辈。其六，曾纵横捭阖，左右天下大局者，如苏秦、张仪之辈。其七，曾养士结客、扶危救倾者，如孟尝、平原、信陵、春申四公子之辈。其八，曾风云际会，鞭笞天下者，如韩信、黥布、彭越之辈。其九，为政以德，恩泽及于人民者，如孙叔敖、子产、公仪休、石奢、李离之辈。其十，以医药方术，拯救人命者，如扁鹊、仓公之辈。此外，则为怨毒积于人民之酷吏，如郅都、宁成、张汤、赵禹之流；阿谀而无廉耻之佞幸，如邓通、韩嫣、李延年之流。这些各种各样的人物，大抵非官僚即士大夫。不论其或善或恶，或贤或不肖，其所行为，对于历史皆有其或多或少，或好或坏的影响，故司马迁皆为之传。

虽然，亦有例外，有既非官僚，

亦非士大夫，而司马迁亦为之立传者，如卓氏、孔氏、任氏，市井子弟也，而司马迁为之立《货殖列传》。曹沫、专诸、豫让、聂政、荆轲，匹夫之犯上者也，而司马迁为之立《刺客列传》。朱家、剧孟、郭解，以武犯禁之暴徒也，而司马迁为之列《游侠列传》。优孟、优旃，以戏谑为事之优倡也，而司马迁为之列《滑稽列传》。司马季主，长安东市之卜者也，而司马迁为之列《日者列传》。丘子明之流，供奉宫廷之巫祝也，而司马迁为之立《龟策列传》。何也？司马迁言他之传货殖，是以其“取与以时，而息财富”。传刺客，是以其“义不为二心”。传游侠，是以其“救人于厄，振人不赡……不既信，不倍言”。传滑稽，是以其“不流世俗，不争势利，上下无所凝滞……以道之用”。传日者，是以“齐、楚、秦、赵，为日者，各有俗所用”，纪风俗也。传龟策，是以“三王不同龟，四夷各异卜，然各以决吉凶”，志迷信也。用近代话说，司马迁之传货殖、刺客、游侠、滑稽、日者、龟策，是因为从这各种各样的人物身上，可以显出历史上的社会各阶层的人民的活动，从而显出历史之各个侧面。而且这些人物的出现，本身就是一种历史的说明。

此外，司马迁又替中国四周诸民族作传，如南越、东越、朝鲜、匈奴、西南夷、大宛等均有传。这是因为这些民族，在当时与汉族都有着战争或交换的关系。

本纪、世家、列传以外，司马迁又别为八书。八书者，即礼书、乐书、律书、历书、天官书、封禅书、河渠书、平准书。司马迁为什么作八书？他说："礼乐损益，律历改易，兵权、山川、鬼神、天人之际，承敝通变，作八书。"[②]由此可知八书之作，可以说是补纪传之敝。因为纪传人自为篇，割裂了社会文物制度一贯发展的系列，看不清社会文物制度"承敝通变"的大势。于是别为八书，揭事为题，类聚而条分，原始而要终。有了八书，则自社会经济基础（平准、河渠）、政治制度（礼、乐、律、历）以至天文（天官）宗教（封禅）的演变过程，莫不提纲挈领，粲然大备。所以我说，八书是《史记》的总论。

《史记》有十表。司马迁为什么作十表？他说："既科条之矣，并时异世，年差不明，作十表。"[3]又在《十二诸侯年表·序》中说："儒者断其义，驰说者骋其辞，不务综其终始；历人取其年月，数家隆于神运，谱谍独记世谥，其辞略，欲一观诸要难，于是谱十二诸侯。"由此而知司马迁之作十表，实欲指示历史事实或人物的时间性。自十表作，于是上起三代，下迄汉武之间，诸侯名臣之世系年代，遂一目了然。所以我说，十表，是《史记》的附录。

十表在原则上，是以指示史实之

具体的年代为目的；但亦有例外，例如于三代，则不纪年代，仅纪世系，而别之曰《三代世表》。又如于秦汉之际，则不仅纪年，而且纪月，又别之曰《秦楚之际月表》。是知十表中，有三种形式，即世表、年表与月表。世表最略，月表最详，而年表则为十表中之常规。

司马迁何为于三代不纪年而纪世呢？他说："五帝三代之记尚矣！自殷以前，诸侯不可得而谱。周以来，乃颇可著。孔子因史文，次春秋，纪元年，正时日月，盖其详哉。至于序《尚书》，则略无年月；或颇有，然多阙，不可录。故疑则传疑，盖其慎也。余读谍记，黄帝以来，皆有年数。稽其历谱谍，终始五德之传，古文咸不同，乖异。夫子之弗论次其年月，岂虚哉？于是以《五帝系谍》、《尚书》集世纪黄帝以来讫共和，为世表。”由此而知年代不可得而纪者，司马迁绝不乱抄不可靠的谍记而强为之纪，以求符合于其自己的公式。

司马迁何为而于秦汉之际不纪年而纪月[4]呢？他说：“初作难，发于陈涉，虐戾灭秦，自项氏；拨乱诛暴，平定海内，卒践帝祚，成于汉家。五年之间，号令三嬗，自生民以来，未始有受命若斯之亟也。”即因“五年之间，号令三嬗”，兴亡成败，变化急剧。当此之时，一月之事，多于一年，故司马迁不以年纪而以月纪，别作月表。

总上所述，因知《史记》一书，

是以纪传为本体，以八书为总论，以十表为附录之一部自成系统的历史著作。

司马迁把过去零碎散乱的史料，分别归类于各人之纪传而演绎之；然后于八书中总其历史时代的背景而作归纳之叙述；最后，则于年表中，排比年代，以求从时间的关系上推求其彼此间之关联。故归纳、演绎、排比，实为纪传体历史方法构成的要素；而其表现的形式，则为纪、传与书、表。

同时，在纪传中，又以本纪为纲领，而以世家与列传演绎本纪的内容，使本纪、世家与列传，构成无形的连锁。然后再以全部的纪、传与书、表相关联。这样，就构成了纪传体历史方法之整然的体系。

在叙述方面，于纪传中，司马迁已经把眼光注射到历史上的社会之各阶层人民的形形色色的活动，注射到历史上的社会之每一个角落的民族，从社会的上层到社会的下层，从中国的本部到中国的四周，无所不纪。于八书中，他不仅注意到礼乐、律历，而且也注意到平准、河渠，注意到天官、封禅，从经济、政治乃至意识诸形态，无所不书。于十表中，他已经知道详者纪月，次之纪年，又次之纪世；从三代下迄汉武，其间诸侯将相，无不依次为表。

余读《史记》，不禁惊叹两千余年前的史学家竟能创造如此周密的方法，其头脑是何等地精细！眼光是何等地博大！

注释：

①《汉书·司马迁传》引《报任安书》。

②《史记·自序》。

③《史记·自序》。

④《秦楚之际月表》有纪年，但以事系月。

＊编者注：本书有个别本纪、世家、列传使用俗称，如《武帝本纪》（《孝武本纪》）、《卫青霍去病列传》（《卫将军骠骑列传》）、《信陵君列传》（《魏公子列传》）等。为保持作品原貌，不予妄改。

三　司马迁的历史方法二
——纪传体的活用

晚近历史的研究，已经进入科学的阶段，对于纪传体的历史方法，当然不能满足。实际上，这种古典的方法，有一个最大的弊病，就是要把历史割裂为无数的碎片，令人只看见个别人物的活动，看不见人类社会的历史之全面的运动。此种弊病，虽有八书、十表，亦不能完全补救。虽然，在司马迁当时，他并不是用纪传体割裂历史；反之，而是连串历史。因为在当时，并没有整然有系统的历史著作，摆在司马迁的面前，让他去任意割裂，只有片断零碎的史料，散见于古典文献之中，等待他去编纂。纪传体的历史方法，就是为了连串这些零碎的历史资料而开创出来的。

纪传体的历史方法，有一定的公式，自然是过于拙笨。但是在这个方法的创始者运用起来，却能变而通之，神而化之。过细研究过司马迁的历史方法的人，就会知道他之运用纪传体的方法，正如骑着一匹不羁之马，纵横驰骋，无往而不适，无适而不可。

司马迁能够发明纪传体的方法，也能驾驭他自己所发明的方法。他决不用公式来摆布历史，而是用历史去活用他的公式。他唯一的活用方法，就是依据具体历史的资料而或为专篇，或为合篇。

首先，就本纪而论。本纪在原则上，是以帝王名篇，即一个帝王一篇本纪。但是司马迁于夏以前的传说时代，则五帝合为一纪。于夏，于殷，于周，则合一代的帝王，并为一纪。于秦则一代分为两纪，而两纪所分配的帝王，又不平均。于始皇以前，则合所有秦代的先王为一纪；于始皇、二世，则二人合为一纪。而始皇、二世的合纪，又以始皇为主，二世为附。自秦以后，项羽、汉高、吕后、孝文、孝景、武帝，才是一个人一篇专纪。由此而知本纪并不绳于一人一纪的公式，而有其活用之变体。

本纪何为而有此变体？非常明白，司马迁的原则，是事少者纪略，事多者纪详。事详者，则一个帝王为一纪；较略者，则一个朝代为二纪；更略者，则一个朝代为一纪；最略者，则五帝合为一纪。五帝者，即特征中国史前社会中某一阶段的五个神话人物，所以五帝合为一纪，就是把整个史前时代合为一纪。

司马迁说过，“五帝三代之记尚矣”[①]。“尚矣”就是遥远的意思。当时对于遥远的古史，虽已有传说，但据他实地考察的结果，各地所传不同。当时学者虽已多称五帝，百家虽亦曾言“黄帝”，但“其文不雅驯，荐绅先生难言之”，而“儒者或不传”[②]。司马迁对于当时流传之古史的传说，完全抱着怀疑的态度，所谓“疑则传疑，盖其慎也”。他于其所致疑者，皆曰“尚矣”；曰“不可记已”；曰“靡得而记云”。例如他考历法，则曰：“神农以前尚矣。”[3]考龟策，则曰：“唐虞以上，不可记已。”[4]考平准，则曰：“自高辛氏之前尚矣，靡得而记云。”[5]考诸侯世系，则曰：“殷以前尚矣。”如果要他相信，除非与古文相合。他说：“总之，不离古文者近是。”他说，在古文中，虽然“书缺有间矣”，而“《尚书》独载尧以来”，是以虞、夏之文，尚可知也。至于虞、夏以前，则于传说中，“择其言尤雅者”[6]以为史料。因为史料不多，所以于整个史前时代，并为一纪。

至于夏、殷的史料，孔子已不能考。孔子曰：“夏礼吾能言之，杞不足征也；殷礼吾能言之，宋不足征也。”[7]自孔子至司马迁，其间并无新的史料发现。而且经过秦始皇一度焚书，故孔子之所不得而征的史料，司马迁亦不能征之。因此，司马迁对夏、殷两纪，仅就传说，录其世系，而不纪年。若周代史料，虽有《诗》、《书》可征，然史料亦简略；且自共和以前，年代尚不可纪，何况其详。所以司马迁于夏、于殷、于周，皆并一代的帝王为合纪。

秦之先世，出自西羌，春秋时，尚不与于中国之盟会。其时代既属远古，而活动范围，又僻在西陲，亦无详细论著之历史资料，故亦并为一纪。至于始皇，则秦族已统一中国，典章制度、人物活动，其录于文书、流为传说者至多。但秦代的历史至二世，已成尾声，史实不多，不能自成一纪。所以司马迁于秦代则分二纪，其一纪，纪秦之先王；其一纪，纪始皇而附以二世。

自楚、汉之际至于汉武，则为司马迁之近代，有若干历史事实都在司马迁的眼前继续发展，耳之所闻，目之所见者，无往而非史料。当此之时，一个帝王的史料，多于夏、殷、周一代的史料，乃至整个史前时代的史料，故司马迁以一帝为一纪。由此看来，司马迁决不略其所详，而详其所不详，以维持其一个帝王一篇本纪的公式；反之，而是依据史实的繁略，以变通其公式。

其次，说到世家。世家，在原则上，是以诸侯之始封祖先或辅相名篇，亦以一人一世家为正规。前者如于吴则以太伯名篇，于齐则以太公名篇，于鲁则以周公名篇，于燕则以召公名篇，于卫则以康叔名篇，于宋则以微子名篇，于越则以勾践名篇。后者如萧何、曹参、陈平、周勃等，皆以人名篇[8]，而且皆系一人一世家。但是司马迁于陈、杞、晋、楚、郑、赵、魏、韩等世家，则以其封国名篇，换言之，即并一个封国世代的诸侯合为一篇世家，是世家的写法，也有变体。

世家何为而有变体？顾名思义，

我们可以想到世家的主要任务，是在叙述诸侯的世系，即对贵族作集团的描写。集团的描写，必须要有一个鲜明的主题，如某一贵族的始祖，系一有名的历史人物，则以其始祖名篇；如其始祖，来历不明，或来历虽明而无史实可记，则以其封国名篇。

例如吴之太伯、齐之太公、鲁之周公、燕之召公、卫之康叔、宋之微子、越之勾践，都是有名的历史人物，其史迹亦多流传于当时。他们有值得大书的历史价值，有可以详书的历史资料，故司马迁用以为标题，以为一篇的主干，而以其后裔附之。如此，则轻重自分，世系自明。

至于陈、杞、晋、楚、郑、赵、

魏、韩等则不然，此诸国贵族的始祖，或为传说中的人物，来历不明；或来历虽明而史料简略，不能当作一个主题的人物，所以就合其世世代代的子孙，平行叙述，合为一个世家，而以其封国名篇。

例如《史记·陈杞世家》记陈之始祖曰："陈胡公满者，虞帝舜之后也……至于周武王克殷纣，乃复求舜后，得妫满，封之于陈，以奉帝舜祀，是为胡公。胡公卒……"记杞之始祖曰："杞东楼公者，夏后禹之后苗裔也。殷时或封或绝。周武王克殷纣，求禹之后，得东楼公，封之于杞，以奉夏后氏祀。东楼公生西楼公，西楼公生题公……"

《楚世家》记楚之先世曰："楚之先祖，出自帝颛顼高阳……高阳生称，称生卷章，卷章生重黎……吴回生陆终，陆终生子六人……六曰季连，芈姓，楚其后也。"

《赵世家》记赵之先世曰："赵氏之先，与秦共祖。至中衍，为帝大戊御，其后世蜚廉有子二人，而命其一子曰恶来……恶来弟曰季胜，其后为赵。"

《魏世家》记魏之先世曰："魏之先，毕公高之后也。毕公高与周同姓，武王之代纣，而高封于毕，于是为毕姓。其后绝封，为庶人，或在中国，或在夷狄。其苗裔曰毕万，事晋献公。献公之十六年……以魏封毕万。"

《韩世家》记韩之先世曰："韩之先与周同姓，姓姬氏。其后苗裔事晋，得封于韩原，曰韩武子。武子后三世，有韩厥，从封姓为韩氏。"

像陈胡公、杞东楼公、楚季连之流的人物，有无其人，都大成问题，何能以之作为其世家的主题呢？他若晋之始封诸侯唐叔虞，郑之始封诸侯桓公友，赵之季胜，魏之毕万，韩之韩厥，虽来历较明，但史迹甚少，故亦不能以之名篇。

或曰，陈、杞不说，但晋献公、楚文王、赵简子、韩康子、魏桓子，都是有名的历史人物，何以不以其人为其世家的标题呢？但是我们知道以上诸人，都不是始封的诸侯，他们都是发迹于中世，若以中世的诸侯为其世家的主题，则首尾倒置，先世不明。故虽系有名的历史人物，亦不能以之为主题。

在世家中除以封国为单位合为一篇者，又有以血统为单位合为一篇者，如《五宗世家》、《三王世家》，就是例子。此外又有合两个封国而并为一篇者如《陈杞世家》、《荆燕世家》，就是例子。

最后，说到列传。司马迁写列传，更表现了他对方法运用的活泼。如前所述，他首先把他所选定的列传中的人物，不管异代同时，先依其人的性质，类而别之，为若干组。然后再次其先后，别其轻重，定其主从，或作专传，或作合传。

在《史记》列传中，我们可以看出凡司马迁作专传的历史人物，大概不是他认为这个人物之事迹独特，没有可以与他类聚的；便是这个人物史实丰富，非专传不能详其平生。如伍子胥、商鞅皆作专传，就是因为他们的事迹独特。如孟尝君等四公子，本为同一类型的人物，可以为合传；韩信、彭越，也是同一类型的人物，可以为合传；乐毅、田单等也是同一类型的人物，可以为合传；但都不作为合传而各为专传，这就是因为他们的史实丰富。把这些人独立起来，作一专传，而将与他们有关的若干史实和人物，附丽在他们的专传中，则可以透露一个历史侧面。若与人合传，反而失去了叙述的重心，所以宁为专传，不为合传。

《史记》中的合传，也有各种各样的体裁。有两人平等并列，合为一传者；有多人平等并列，合为一传者；有以一人为主，一人为从，合为一传者；有以二人为主，多人为从，合为一传者。不论怎样合法，要之，凡合为一传的人物，非其性质相同，即其历史行动有相互的关系。

两人平等并列为一合传者，如管、晏合传，孙武、吴起合传，屈原、贾谊合传，扁鹊、仓公合传，都是因为他们的性质相同。如张耳、陈余合传，魏豹、彭越合传，都是因为他们的历史行动，有相互的关系。

多人平等并列合为一传者，如老

子、庄子、申不害、韩非合传，是司马迁以为他们同是道家。仲尼弟子七十七人合传，是因为他们同是儒家的门徒，而又同时并世，在生活上有其相互的关系。此外刺客、循吏、儒林、酷吏、游侠、佞幸、滑稽、日者、龟策、货殖之各为合传，而且这些合为一传的人物，又生不同时，这就是因为他们是同一类型的人物。

以一人为主、一人为从而合传者，如伯夷传而从以叔齐，是以其为兄弟，而又同以身殉于殷朝。以二人为主多人为从而合传者，如孟轲、荀卿合传，而从以淳于髡、慎到、驺奭，这是因为他们同是战国时代的学者。又如卫青、霍去病合传，而从以公孙贺、李息、公孙敖、李沮、张次公、苏建、赵信、张骞、李蔡、曹襄、韩说、郭昌、赵食其、荀彘、路博德、赵破奴，这是因为他们都是武帝时代北击匈奴，远征西域的将领。

此外，在列传中，尚有以民族名篇者，如南越、东越、朝鲜、匈奴、西南夷、大宛等传，这是司马迁以为他们都是蛮夷。实际上，司马迁当时，虽然这些四周诸民族与大汉帝国都有或多或少的关系，但对于他们民族内部的情形，还是不大明了。例如他对西南夷的君长，仅能说，“以什数”，“以百数”，至于他们内部的人物活动，更不知道，所以不能写出民族人物的列传；只有以民族为单位，写出其民族的集团活动。如果南越尉佗，不是司马迁所云是真定人，那么，在《史记》中，就有一篇民族人物的列传了。

总上所述，我们可以看出，司马迁之运用纪传体的方法，是何等的活泼！他就是用这样的方法，写成了一部有名的《史记》。即因他在纪传与纪传之间，建立了一些无形的关系，所以，《史记》拆开看，是许多个人的历史；合拢来看，简直是一部汉武以前的中国通史。

注释：

①《史记·三代世表·太史公曰》。

②《史记·五帝本纪·太史公

曰》。

③《史记·历书·太史公曰》。

④《史记·龟策列传·太史公曰》。

⑤《史记·平准书·太史公曰》。

⑥以上所引均见《史记·五帝本纪·太史公曰》。

⑦《论语·八佾》。

⑧都以姓氏以官职或爵位名篇。

四　司马迁的历史批判
——“太史公曰”

司马迁的不朽，固在于他开创了一种新的历史方法；同时，也在于他所写的《史记》不是一部人物传纪的汇编，而是一种富有灵魂的著作。换言之，《史记》不是一部死板的记述的历史，而是一部生动的批判的历史。

从《史记》中，我们到处都可以看到司马迁在大胆地进行他的历史批判。他敢于指斥帝王，贬抑权贵；敢于歌颂“叛逆”，同情贫弱。一言以蔽之，他敢于揭发历史的黑暗，抨击人类的罪恶。他带着一支秃笔，走进中国历史学的领域，用他敏锐的眼光，正义的观感，生动的笔致，沉重的语言，纵横古今，褒贬百代。在他的笔底，不知有若干黜废的贤圣、失败的英雄、侠义的豪杰、市井的浪人，放出了光彩；在他的笔底，不知有若干暴虐的帝王、荒淫的贵族、残酷的官吏、货殖的豪富，现出了原形。

司马迁执行他的历史批判，有各种形式，概而言之，不外四种：一用标题；二用书法；三于叙述中夹以批判；最后而又是最重要的，则为各篇之后的专评，即“太史公曰”之下的文章。

“太史公曰”，就是司马迁设计的历史审判的法庭。

用标题执行批判的例子，前已略论。例如列项羽于本纪，就是尊项羽为帝王。列孔子、陈涉于世家，就是崇孔子、陈涉为王侯。纪吕后而缺惠帝，并非抹煞惠帝，而是所以深罪吕后之专国。又如在列传中，对于一般的人物列传，都以其人之名标题，而独于刺客、循吏、儒林、酷吏、游侠、佞幸、滑稽、日者、龟策、货殖，则以其人之行为标题，这就是提示作者对以上各类人物的态度，暗示抑扬之意。

用书法者。如书孔丘则不名，曰：“孔子，生鲁昌平乡陬邑，其先宋人也。”书孟、荀，则直称其名，曰，

“孟轲，邹人也”；“荀卿，赵人”。同样，书老、庄亦不名，曰，“老子者，楚苦县厉乡曲仁里人也”；“庄子者，蒙人也”。书申、韩，则直称其名曰，“申不害者，京人也”；“韩非者，韩之诸公子也”。书孙武，则在名与不名之间，曰：“孙子武者，齐人也。”书吴起，则直称其名曰：“吴起者，卫人也。”像这样的书法，正是不说话的批判。他之不书名，是表示他对于其人的最大尊崇。书名，是表示他对于其人并不如何尊崇。

《史记》中有于叙事中，夹以批判者。如《平准书》末载卜式言曰：“县官当食租衣税而已。今弘羊令吏坐市列肆，贩物求利。亨弘羊，天乃雨。”《王翦列传》末载论曰：“或曰：‘王离，秦之名将也，今将强秦之兵，攻新造之赵，举之必矣。’客曰：‘不然，夫为将三世者必败。必败者何也？必其所杀伐多矣，其后受其不祥。今王离已三世将矣。’”《刺客列传·荆轲传》末载鲁勾践之语曰：“嗟乎！惜哉！其不讲于刺剑之术也，甚矣！吾不知人也。曩者，吾叱之，彼乃以我为非人也。”《晁错列传》末载邓公对景帝之语曰：“夫晁错患诸侯强大不可制，故请削地以尊京师，万世之利也。计画始行，卒受大戮，内杜忠臣之口，外为诸侯报仇，臣窃为陛下不取也。”《魏其武安列传》末载武帝谓丞相田蚡曰：“君除吏已尽未？吾亦欲除吏。”又曰：“君何不遂取武库！”这些，都是借用他人的言语，在叙事中兼示批判。

此外，亦有用自己的言语，在叙事中顺便批判者。如《卫青列传》中有曰：“大将军为人，仁善退让，以和柔自媚于上。然天下未有称也。”《平准书》中有曰：“当此之时，网疏而民富，役财骄溢，或至兼并；豪党之徒，以武断于乡曲；宗室有土，公卿大夫以下争于奢侈；室庐舆服僭于上，无限度。物盛而衰，固其变也。”

以上都是一种暗示。更有于叙事中直指者。如《冯唐列传》云：“唐时年九十余，不能复为官，乃以唐子冯遂为郎。遂字王孙，亦奇士。”《外戚世家》云："卫皇后，字子夫，生微矣。"以上不过略举数例而已，此种批判的言语，充满《史记》各篇。

最后说到"太史公曰"。"太史公曰"是司马迁负责的批判，也是《史记》一书的灵魂。司马迁在这里，"贬天子，退诸侯，斥大夫"，"别嫌疑"，"明是非"，"善善，恶恶；贤贤，贱不肖"。执行他对历史人物的批判。

关于"贬天子"者，例如司马迁对秦始皇、二世，都有不好的批评。他借贾谊评秦始皇之语曰："于是废先王之道，焚百家之言，以愚黔首；堕名城，杀豪俊，收天下之兵，聚之咸阳，销锋铸鐻，以为金人十二，以弱黔首之民……秦王之心，自以为关中之固，金城千里，子孙帝王万世之业也。秦王既没，余威振于殊俗。陈涉，瓮牖绳枢之子，氓隶之人，而迁徙之徒……蹑足行伍之间，而倔起什伯之中，率罢散之卒，将数百之众，而转攻秦，斩木为兵，揭竿为旗，天下云集响应，赢粮而景从，山东豪俊遂并起而亡秦族矣……何也？仁义不施，而攻守之势异也。”①

评二世曰：“繁刑严诛，吏治刻深，赏罚不当，赋敛无度。天下多事，吏弗能纪；百姓困穷，而主弗收恤。然后奸伪并起，而上下相遁；蒙罪者众，刑戮相望于道，而天下苦之。自君卿以下，至于众庶，人怀自危之心，亲处穷苦之实，咸不安其位，故易动也。是以陈涉……奋臂于大泽，而天下响应者，其民危也。”②

司马迁不但对前代的帝王有贬辞，对本朝的帝王乃至对他的当今皇帝，亦有微词。例如在《叔孙通列传》中评汉高祖曰：“夫高祖起微细，定海内，谋计用兵，可谓尽之矣。”这就无异说，“谋计用兵”以外，一无所长。《吕太后本纪》中评吕后曰：“故孝惠垂拱，高后女主称制，政不出房户。”这就无异说“牝鸡司晨，惟家之索”。《冯唐列传》中，借冯唐之语评文帝曰：“臣愚以为陛下法太明，赏太轻，罚太重，且云中守魏尚坐上功，首虏差六级，陛下下之吏，削其爵，罚作之。

由此言之，陛下虽得廉颇、李牧，弗能用也。”其评景帝杀晁错之误，已如前述。

司马迁评武帝，更为大胆。他在《封禅书》中，讥讽武帝惑鬼神，求神仙，迷巫祝，信方士，甚至把自己的女儿嫁给方士，以求换取不死之药；但结果，也只是白送了一个女儿而已。在《平准书》中，他谴责武帝，因勤远略，弄得天下萧萧然，民穷财竭。结果卖官爵，发皮币，专盐铁，算舟车，税缗钱，民不堪其命。《平准书》中有曰：

自是之后，严助、朱买臣等招来东瓯，事两越，江、淮之间萧然烦费矣。唐蒙、司马相如开路西南夷，凿山通道千余里，以广巴蜀，巴蜀之民罢焉。彭吴贾灭朝鲜，置沧海之郡，则燕、齐之间，靡然发动。及王恢设谋马邑，匈奴绝和亲，侵扰北边，兵连而不解……中外骚扰而相奉，百姓抏弊以巧法，财赂衰耗而不赡。入物者补官，出货者除罪；选举陵迟，廉耻相冒；武力进用，法严令具，兴利之臣自此始也。

司马迁亦曾退诸侯，斥卿相。例如评梁孝王曰："植其财货，广宫室，车服拟于天子，然亦僭矣。"③

评绛侯周勃曰："绛侯周勃始为布衣时，鄙朴人也。"[4]评武安侯田蚡曰："武安之贵，在日月之际。"[5]"日月之际"者，即裙带关系也。评相国萧何曰："萧相国何于秦时为刀笔吏，录录未有奇节。及汉兴，依日月之末光。"[6]"依日月之末光"者，即攀龙附凤也。评相国曹参曰："曹相国参攻城野战之功所以能多若此者，以与淮阴侯俱。及信已灭，而列侯成功，唯独参擅其名。""以与淮阴侯俱"者，冒淮阴侯之功也。

司马迁对于草菅人命、蔑视人权的酷吏，极为痛恨。他在《酷吏列传》评曰："自郅都、杜周十人者，此皆以酷烈为声。……然此十人中，其廉者足以为仪表，其污者足以为戒……至若蜀守冯当暴挫，广汉李贞擅磔人，东郡弥仆锯项，天水骆璧推咸，河东褚广妄杀，京兆无忌、冯翊殷周蝮鸷，水衡阎奉朴击卖请，何足数哉！何足数哉！”

司马迁对于佞幸之徒极为鄙弃。他在《佞幸列传》中，开始便说：“谚曰：‘力田不如逢年，善仕不如遇合。’固无虚言。非独女以色媚，而仕宦亦有之。昔以色幸者多矣。至汉兴，高祖至暴抗也，然籍孺以佞幸；孝惠时有闳孺。此两人非有材能，徒以婉佞贵幸，与上卧起，公卿皆因关说……孝文时中宠臣，士人则邓通，宦者则赵同、北宫伯子。”他说邓通“其衣带后穿”，可谓谑矣。最后，太史公曰：

“甚哉！爱憎之时！弥子瑕之行，足以观后人佞幸矣！虽百世可知也。”

司马迁对于宦官，亦甚卑之。他在《报任安书》中说：“刑余之人，无所比数，非一世也，所从来远矣。昔卫灵公与雍渠载，孔子适陈；商鞅因景监见，赵良寒心；同子参乘，爰丝变色：自古而耻之。”⑦

司马迁对于“财或累万金而不佐国家之急”⑧的商人，也最为轻视。例如范蠡本是越国的大夫，因为他曾“治产积居，与时逐”，故不列之于官吏，而列之于货殖。子贡本是孔子的门徒，因为他“废著鬻财于曹鲁之间”，故亦不列之于儒林，而列之于货殖。列之于货殖者，贱之也。司马迁在《货殖列传》中评曰："'天下熙熙，皆为利来；天下壤壤，皆为利往。'夫千乘之王，万家之侯，百室之君，尚犹患贫，而况匹夫编户之民乎！"在这里，司马迁又连带指斥那些假借政治权力而经商的贵族官僚了。

在另一方面，司马迁对于古来黜废的贤圣，则为之赞叹惋惜。例如他于伯夷、叔齐，则曰："岩穴之士，趣舍有时。若此类名堙灭而不称，悲夫！"于孔子，则曰："高山仰止，景行行止。虽不能至，然心乡往之。"于屈原，则曰："悲其志。"于贾谊，则曰："读《服鸟赋》，同生死，轻去就，又爽然自失矣。"

司马迁最大胆的地方，就是他敢

于当着刘邦的子孙，赞美项羽。因为赞美项羽，就等于贬抑刘邦。司马迁评项羽曰："羽非有尺寸，乘势起陇亩之中。三年，遂将五诸侯灭秦，分裂天下而封王侯，政由羽出，号为霸王。位虽不终，近古以来未尝有也。"⑨

和赞美项羽一样的大胆，司马迁又歌颂陈涉。陈涉在封建统治者看来，正是一个有名的叛逆。歌颂陈涉，就是歌颂叛逆。但司马迁在《史记·自序》中，却把陈涉的起义，比之汤武的革命、孔子的作《春秋》。在《陈涉世家》的评语中又说："陈胜虽已死，其所置遣侯王将相竟亡秦，由涉首事也。"同时，又在《儒林列传·序》中指出，当陈涉起义之时，虽圣人之徒，也去参加他的革命营阵。他说："陈涉之王也，而鲁诸儒持孔氏之礼器往归陈王，于是孔甲为陈涉博士，卒与涉俱死。陈涉起匹夫……旬月以王楚，不满半岁竟灭亡，其事至微浅，然而缙绅先生之徒负孔子礼器往委质为臣者何也？以秦焚其业，积怨而发愤于陈王也。"这段话虽然是对焚书坑儒者的一个警告，也是指明陈涉的革命虽缙绅先生之徒亦往委质为臣的事实。

此外，司马迁对于韩信、黥布、魏豹、彭越这些失败的英雄，都不胜惋惜。他评韩信曰："假令韩信学道谦让，不伐己功，不矜其能，则庶几哉，于汉家勋可以比周、召、太公之徒。"评黥布曰："英布者，其先岂《春秋》

所见楚灭英、六、皋陶之后哉？身被刑法，何其拔兴之暴也。”评魏豹、彭越曰：“魏豹、彭越虽故贱，然已席卷千里，南面称孤，喋血乘胜，日有闻矣……智略绝人，独患无身耳。”

司马迁对于善良的官吏，亦为之表扬。他在《循吏列传》中评曰：“孙叔敖出一言，郢市复；子产病死，郑民号哭；公仪子见好布而家妇逐；石奢纵父而死，楚昭名立；李离过杀而伏剑，晋文以正国法。”

司马迁对于草野豪侠之士，极为赞叹。他在《刺客列传》中评曰：“自曹沫至荆轲五人，此其义或成或不成；然其立意较然，不欺其志，名垂后世，岂妄也哉！”又于《游侠列传·序》

中，特别申述其崇拜草野豪侠的理由曰：

韩子曰："儒以文乱法，而侠以武犯禁。"二者皆讥，而学士多称于世云。至如以术取宰相卿大夫，辅翼其世主，功名俱著于春秋，固无可言者。及若季次、原宪，闾巷人也，读书怀独行君子之德，义不苟合当世，当世亦笑之。故季次、原宪终身空室蓬户，褐衣蔬食不厌。死而已四百余年，而弟子志之不倦。今游侠，其行虽不轨于正义，然其言必信，其行必果；已诺必诚，不爱其躯，赴士之厄困。既已存亡死生矣，而不矜其能，羞伐其德，盖亦有足多者焉……布衣之徒，设取予然诺，千里诵义，为死不顾世，此亦有所长，非苟而已也。故士穷窘而得委命，此岂非人之所谓贤豪间者邪？诚使乡曲之侠，予季次、原宪比权量力，效功于当世，不同日而论矣。要以功见言信，侠客之义又曷可少哉？古布衣之侠，靡得而闻已……以余所闻，汉兴有朱家、田仲、王公、剧孟、郭解之徒，虽时扞当世之文罔，然其私义廉洁退让，有足称者。名不虚立，士不虚附。至如朋党宗强比周，设财役贫，豪暴侵凌孤弱，恣欲自快，游侠亦丑之。余悲世俗不察其意，而猥以朱家、郭解等，令与暴豪之徒同类而共笑之也。

在封建皇帝之前，直言极谏之士，往往遭横祸；于是而有善良之士，以滑稽的态度，用戏谑的言语，以为讽刺。这些人，有时“谈言微中，亦可以解纷”。故司马迁亦美之。他在《滑稽列传》中评曰：“淳于髡仰天大笑，齐威王横行。优孟摇头而歌，负薪者以封；优旃临槛疾呼，陛楯得以半更。岂不亦伟哉！”

总观以上所录的评语，我们便可以看出司马迁之所善与所恶，所贤与所贱，所是与所非；因而也就知道《史记》一书，不仅是为了叙述历史，而且也是为了批判历史，从而也就知道司马迁之作《史记》，不是为了清算古人，而是为了要从古史中找出一些历史教训，教育他同时并世的人。他在《高祖功臣侯者年表》中说："居今之世，志古之道，所以自镜也。"这就是他作《史记》的用意。

即因司马迁在《史记》中的批评，有些不合于封建的教条，所以后来班固批评他说："其是非颇缪于圣人。论大道，则先黄老而后《六经》；序游侠，则退处士而进奸雄；述货殖，则崇势利而羞贱贫，此其所蔽也。"⑩班固对司马迁的批判，大概都中要害；

只有说他崇势利而羞贫贱一点，是没有看懂司马迁作《货殖列传》的意义。司马迁之传货殖，不但不是崇势利，而正是贬势利。关于这一点，只要看他把范蠡、子贡列于《货殖列传》就可以证明。以后至于王允，则竟指《史记》为“谤书”[11]，章实斋又为之辩护，谓其“折衷六艺，何敢于讪上哉”？我以为谓之“谤书”，则未免太过；谓其毫无批判当世之意，亦非司马迁所能同意。诚如章实斋所云：“今观迁书，如封禅之惑于鬼神，平准之算及商贩，孝武之秕政也。”孝武之秕政，而司马迁指出之，非“讪上”而何？司马迁以无罪而遭大辱，当然有所愤慨。此种愤慨，常见于言词。例如在《伍子胥列传》中评曰："怨毒之于人甚矣哉！王者尚不能行之于臣下，况同列乎！"又在《屈原列传》中曰："信而见疑，忠而被谤，能无怨乎！"即因司马迁积有怨愤，所以发而为文，则气势蓬勃，热力丰富，因而《史记》一书成为千古的杰作。所以，虽"刘向、扬雄，博极群书，皆称迁有良史之材，服其善序事理，辨而不华，质而不俚，其文直，其事核，不虚美，不隐恶，故谓之实录"。[12]

注释：

①《史记·秦始皇本纪·太史公曰》引贾谊《过秦论》。

②《史记·秦始皇本纪·太史公曰》引贾谊《过秦论》。

③《史记·梁孝王世家·太史公曰》。

④《史记·绛侯周勃世家·太史公曰》。

⑤《史记·魏其武安侯列传·太史公曰》。

⑥《史记·萧相国世家·太史公曰》。

⑦《汉书·司马迁传》。

⑧《史记·平准书》。

⑨《史记·项羽本纪·太史公曰》。

⑩《汉书·司马迁传·赞》。

⑪《后汉书·蔡邕传》。

⑫《汉书·司马迁传·赞》。

五　余论——史料的搜集编制及其历史观

《史记》一书，因为充溢着作者的批判精神，后来的学者以为《史记》一书系司马迁发愤之作，因疑其对于史实的纪述，不甚注意。例如班固就说过："其言秦汉详矣，至于采经摭传，分散数家之事，甚多疏略，或有抵梧。"[①]自宋以后，学者多因袭班固之说，在《史记》中吹毛求疵。如宋王应麟《困学纪闻》中，有《史记正误》一篇，金王若虚有《史记辨惑》，明柯维骐有《史记考要》，清杭世骏有《史记考证》，梁玉绳有《史记志疑》，邵泰衢有《史记疑问》。这些学者的著作，对于《史记》，虽亦各有发明之处，然大抵据经以证史，故其所疑者，未必可疑；其所正者，未必尽正。

我不是说，司马迁对于史实的叙述，完全没有疏漏或自相矛盾的地方；但我以为司马迁的疏漏与自相矛盾，不是因为他不注重史实，或故意歪曲史实，而是因为他在整齐百家杂说，贯穿经传遗文之时，千头万绪，精力有时不能顾及之所致也。据我从《史记》中所知，司马迁对于记录史实，非常严谨。非根据古书，即根据访问，从未随便纪一事，传一人。

其根据古书之例，如司马迁作《五帝本纪》，自唐、虞以下，则根据《尚书》，作殷、周本纪，则根据《尚书》、《诗经》。他说："自成汤以来，采于《书》、《诗》。"[②]至于自唐、虞以上，他一再声明"尚矣"，"不可记已"。故纪此"尚矣"之时，则择传说中之"其言尤雅者"[③]，以为资料。

对于上古史如此，对于周以来的历史亦如此。如司马迁在《十二诸侯年表·序》曰："太史公读《春秋历谱谍》。"在《六国年表·序》，则曰："太史公读《秦记》。"在《秦楚之际月表·序》，则曰："太史公读秦楚之际（按即《楚汉春秋》等）。”在《惠景间侯者年表·序》，则曰：“太史公读列封（按即封建诸侯的档案）。”在《孔子世家·太史公曰》：“余读孔氏书。”在《仲尼弟子列传·太史公曰》：“余以弟子名姓文字，悉取《论语》弟子问，并次为篇，疑者阙焉。”作《老庄申韩列传》、《孟子荀卿列传》，皆曾读其人之书。作《孙子吴起列传》，则曾读《孙子十三篇》、《吴起兵法》。作《屈原列传》，则曰：“余读《离骚》、《天问》、《招魂》、《哀郢》。”作《贾谊列传》，则曰：“读《服鸟赋》。”作《陆贾列传》，则曰：“余读陆生《新语》书十二篇。”作《管晏列传》，则曰：

“吾读管氏《牧民》、《山高》、《乘马》、《轻重》、《九府》，及《晏子春秋》。”一言以蔽之，载之经、传者，必据经、传；其人有著述者，必读其人之书。但司马迁亦非凡书皆信，如“黄帝以来皆有年数”之“谍记”，因与“古文咸不同乖异”，司马迁即不以为据。又如言怪物的《禹本纪》、《山海经》，亦不置信。他在《大宛列传·太史公曰》中云：“故言九州山川，《尚书》近之矣。至《禹本纪》、《山海经》所有怪物，余不敢言之也。”

司马迁著《史记》，并非闭门造车，有若干史料，皆系身历其地或亲访其人而得来。例如他作《河渠书》则曰："余南登庐山，观禹疏九江，遂至于会稽太湟，上姑苏，望五湖，东窥洛汭、大邳，迎河，行淮、泗、济、漯、洛渠；西瞻蜀之岷山及离碓；北自龙门至于朔方。曰：甚哉，水之为利害也！"作《齐太公世家》则曰："吾适齐，自泰山属之琅邪，北被于海，膏壤二千里，其民阔达多匿知，其天性也。"作《魏世家》，则曰："吾适故大梁之墟，墟中人曰：'秦之破梁，引河沟而灌大梁，三月城坏，王请降。'"作《孔子世家》，则曰："适鲁，观仲尼庙堂，车服礼器，诸生以时习礼其家。余祗回留之，不能去云。"作《孟尝君列传》，则曰："吾尝过薛，其俗闾里率多暴桀子弟，与邹、鲁殊。问其故，曰：‘孟尝君招致天下任侠奸人入薛中，盖六万余家矣。’世之传孟尝君好客自喜，名不虚矣。”作《信陵君列传》，则曰：“吾过大梁之墟，求问其所谓夷门。夷门者，城之东门也。”作《春申君列传》，则曰：“吾适楚，观春申君故城，宫室盛矣哉！”作《蒙恬列传》，则曰：“吾适北边，自直道归。行观蒙恬所为秦筑长城亭障，堑山堙谷，通直道，固轻百姓力矣。”作《淮阴侯列传》，则曰：“吾如淮阴，淮阴人为余言：‘韩信虽为布衣时，其志与众异。’”作《樊郦滕灌列传》，则曰：“吾适丰沛，问其遗老，观故萧、曹、樊哙、滕公之家，及其素，异哉所闻！方其鼓刀屠狗、卖缯之时，岂自知附骥之尾，垂名汉廷，德流子孙哉？余与他广通，为言高祖功臣之兴时若此云。”这些，都是亲历其地的例子。

还有亲访其人者。例如他作《游侠列传》，就曾访问过当时的大侠郭解。他在《游侠列传·太史公曰》：“吾视郭解，状貌不及中人，言语不足采者。”又如他作《李广列传》，亦曾访问过李广。他在《李广列传·太史公曰》：“余睹李将军，悛悛如鄙人，口不能道辞。”司马迁对于同时的人，大半可以访问者必访问，不仅对郭解、李广二人为然也。至不能见其人者，则“视其友”。

司马迁对于以前的古人，大概有

图像者，必观其图像。例如他在《留侯世家·太史公曰》：“余以为其人计魁梧奇伟。至见其图，状貌如妇人好女。”所以他深以田横没有图像遗留下来，不能状其貌为遗恨。他在《田儋列传·太史公曰》：“不无善画者，莫能图，何哉？”

此外，其史料亦有友人转述者。如《项羽本纪·太史公曰》：“吾闻之周生曰：‘舜目盖重瞳子。’又闻项羽亦重瞳子。”《刺客列传·太史公曰》：“始公孙季功、董生与夏无且游，具知其事，为余道之如是。”《霍去病列传·太史公曰》：“苏建语余曰。”

由此，可以证明，司马迁对史实的记录，并不是不注意。至于《史记》

中所载史实，仍有疏漏抵牾之处者，则是著作家所难免。而且有一部分是司马迁所不能负责的。例如《建元以来侯者年表》中出现了昭、宣、元、成诸帝的年号，《楚元王世家》记地节二年之事，《齐悼惠王世家》书建始三年者二，《司马相如列传·太史公曰》中，出现了扬雄的名字等等，这些都是后人所窜，非司马迁之原作。

据班固《汉书·司马迁传》载，《史记》一书，至宣帝时，始由司马迁的外孙杨恽发表于世。以后流布，颇有缺失，班固所见者已缺十篇。但班固仅说“十篇缺”，而未指明何十篇。张晏曰：“迁没之后，亡《景纪》、《武纪》、《礼书》、《乐书》、《兵书》、《汉兴以来将相年表》、《日者列传》、《三王世家》、《龟策列传》、《傅靳列传》。元成之间，褚先生补缺，作《武帝纪》、《三王世家》、《龟策》、《日者传》。”而颜师古则云：“序目本无《兵书》，张云亡失，此说非也。”④总之，《史记》是经过后人的纂补，这是很明显的；因而其中有一部分错误，归纂补者负责。

两千年来，读《史记》未有不盛赞司马迁之文章者；诚然，司马迁的文章真是气势蓬勃，既沉重而又飞舞。但无论怎样，文章总是司马迁的余事。而且司马迁也从来没有在文字上去雕刻。他决不故为深奥，作出一些让他同时代的人看不懂的文章，以显出自己的高深典雅；反之，他引用古文，多改为汉代当时所通用的言语。例如他引《尚书》，绝不照抄“曰若稽古，帝尧曰放勋”，而是改为“帝尧者，放勋”。如果司马迁生在现在，他一定把这句话改为“传说中的尧皇帝，他的名字叫放勋”。司马迁不学《尚书》，而后来的史学家，偏要学《史记》。假如司马迁死而有知，一定说：“这都是他不肖的门徒，只知模仿其皮毛，而不知师承其精神，见帝王则曰神圣，见革命的豪杰，则曰盗贼，何其无耻也！”

司马迁的文章之好，不在于笔调，而在于他善于组织史料。例如他传伯夷，则录其《西山之歌》，以显其气节；传孔、孟，则录其言语，以显其大道；传老、庄，则录其著作以显其学派；传屈、贾，则录其词赋，以显其文章；传儒林，则录其师承，以显其渊源；传管、晏，则录其政绩，以显其文治；传田单、乐毅，则录其战伐，以显其武功；传苏、张，则录其游说，以显其纵横；传货殖，则录其财产，以显其富厚；传刺客，则录其敢死，以显其慷慨；传游侠，则录其重诺，以显其侠义；传滑稽，则录其笑谑，以显其讽刺；传佞幸，则录其卖身投靠，以显其下流无耻。总之，他对于每一个纪传的人物，都能抓住他的特点，阐扬他的特点，使这个被纪传的人物，跃然纸上，萧疏欲动。例如他写刺客，不但从纸上飘起慷慨悲歌之声，简直是匕首当前，鲜血射面。像以上所述，就是司马迁的文章之所以成为千古的绝调。至若之乎也者，乃其余事。

自然，我不是说司马迁的《史记》完美无缺，例如他的历史观受了驺衍终始五德说的影响，而带着历史循环论的色彩。他在《高祖本纪·太史公曰》中说："夏之政忠。忠之敝，小人以野；故殷人承之以敬。敬之敝，小人以鬼；故周人承之以文。文之敝，小人以僿，故救僿莫若以忠。三王之道若循环，终而复始。周、秦之间，可谓文敝矣。秦政不改，反酷刑法，岂不缪乎！故汉兴，承敝易变，使人不倦，得天统矣。"这就是说，历史的发展，即忠、敬、文的循环。所以他在《平准书·太史公曰》中又说："是以物盛则衰，时极而转，一质一文，终始之变也。"此外他又替汉高祖作出一些赤帝、白帝的神话，在《封禅书》中，又征引土德、水德的受命之说。于是用赤、白、黑，配合忠、敬、文，再配合金、木、水、火、土，历史就在金、木、水、火、土的相生与赤、白、黑，忠、敬、文的循环中，在司马迁面前打圈圈了。虽然，我们论一个人，总要根据他自己的时代。在司马迁的时代，正是五行说高涨的时代，他怎能不受影响呢？假如我们以历史的循环论而责司马迁，那就无异责备殷人不该信鬼。

自司马迁开创了纪传体历史方法以后，两千年来，中国的历史家都奉为历史学的正宗，凡写著所谓正史，都用这种方法。一部二十四史，都是用纪传体的历史方法写成的。一直到我们的今日，凡达官显宦死了以后，政府都还有一道“宣付史馆立传”的命令，足见司马迁在中国历史学上的影响之巨大而悠久。

但是司马迁的学生，从班固算起，没有一个能够望其肩背的。中国的学者往往以《史记》、《汉书》相提并论，我以为这未免太恭维班固了。班固，充其量，也不过是司马迁的学生中比较高明的一个。他用司马迁的方法，写成了一部西汉的历史；而且关于武帝以前的历史，连文章都是照抄《史记》的原文。如果说他在方法上有发明，那就是把司马迁的“书”，改名曰“志”。如果说他在历史学上也有创见，那就是去掉项羽的本纪，将汉代的历史上推于楚汉之际。取消陈涉的世家，把他降入列传。还有，就是加上了惠帝的本纪，辩护吕后的专政。所以若以《汉书》比《史记》，那真是瞠乎其后矣。

现在历史学已经进入了科学的阶段，纪传体的历史方法已经成了过去。但中国的历史资料大半都保存在纪传体的历史著作之中；为了找历史资料，我们应该知道纪传体的历史方法。同时我并且以为即使在我们今日，纪传体的历史仍不失为一种保存史料最好的方法。因略论司马迁的历史学，以说明纪传体历史方法的内容。

注释:

①《汉书·司马迁传·赞》。

②《史记·殷本纪·太史公曰》。

③《史记·五帝本纪·太史公曰》。

④《汉书·司马迁传》颜师古注。

1944年11月11日

(原载重庆《中山文化季刊》第二卷第一期,1945年6月出版)

出版说明

“新编历史小丛书”承自上世纪60年代吴晗策划的“中国历史小丛书”，其中不少名家名作是已经垂之经典的作品，一些措辞亦有写作伊初的时代特征。为了保持其原有版本风貌，再版过程中不做现代汉语的规范化统一。读者阅读时亦可从中体会到语言变化的规律。

新编历史小丛书编委会

图书在版编目（CIP）数据

司马迁和他的历史学 / 翦伯赞著. — 北京：北京人民出版社，2019.5

（新编历史小丛书）

ISBN 978-7-5300-0419-7

Ⅰ.①司… Ⅱ.①翦… Ⅲ.①司马迁（约前 145 或前 135-？）—人物研究 Ⅳ.①K825.81

中国版本图书馆 CIP 数据核字（2019）第 050114 号

责任编辑　王铁英　　特约编辑　韩慧强
责任印制　陈冬梅

新编历史小丛书

司马迁和他的历史学

SIMA QIAN HE TADE LISHIXUE

翦伯赞 著

出　　版　北京出版集团公司
　　　　　北京人民出版社
地　　址　北京北三环中路 6 号
邮　　编　100120
网　　址　www.bph.com.cn
总 发 行　北京出版集团公司
印　　刷　北京汇瑞嘉合文化发展有限公司
经　　销　新华书店
开　　本　880 毫米 ×1230 毫米　1/32
印　　张　3.75
字　　数　30 千字
版　　次　2019 年 5 月第 1 版
印　　次　2024 年 3 月第 4 次印刷
书　　号　ISBN 978-7-5300-0419-7
定　　价　24.80 元